PLEASE RATE THIS BOOK ON AMAZON AND CONTINUE TO HELP US

Xiǎobīng

小冰

The Penguin

Meeting Friends

Cóngqián, zài nánjí de bīngtiān xuědì lǐ,
从前，在南极的冰天雪地里，

zhùzhe yī zhī kě'ài de xiǎo qì'é
住着一只可爱的小企鹅。

Once upon a time,
in the icy land of Antarctica, there
lived a cute little penguin.

Tā de míngzi jiào Xiǎobīng
他的名字叫 小冰

His name was

Xiǎobīng měitiān hé jiārén yīqǐ
小冰 每天 和 家人一起

zài xuědì shàng wánshuǎ, zhuō yú chī
在雪地上玩耍，捉鱼吃。

Xiaobing loved playing in the snow with his family every day and catching fish to eat.

Tā hé tā de jiārén shēnghuó guò de hěn kāixīn
他和他的家人生活 过 得很开心。

He was very happy living with his family.

Yǒu yītiān, Xiǎobīng juédé zìjǐ zǒngshì

有一天，小冰 觉得自己总是

zài nánjí shēnghuó, yǒudiǎn wúliáo

在南极 生活，有点无聊。

One day, **Xiaobing** realized
he had always lived in Antarctica
and started to feel a little bored.

Yúshì, Xiǎobīng duì māma shuō:

于是，小冰 对 妈妈 说：

So, **Xiaobing** said to his mom:

"Māma,　　wǒ xiǎng qù kàn kàn wàimiàn de　shìjiè
"妈妈，我想 去 看看 外面 的世界，

rènshí　xīn de péngyǒu."
认识新的朋友"

"Mom, I want to explore the world and meet new friends."

Māma shuō: "Hǎo a, dànshì yào xiǎoxīn,

妈妈说："好啊，但是要小心，

wàimiàn de shìjiè hěn dà"

外面 的世界很大。"

Mom said: "Okay, but be careful, the world is very big."

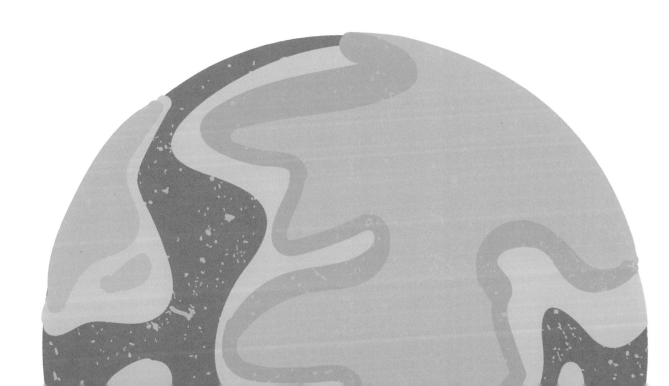

Xiǎobīng diǎn diǎntóu,   shōushí hǎo dōngxi,

小冰　点点头，收拾好东西，

kāishǐ le tā　de màoxiǎn lǔchéng

开始了他 的 冒险 旅程。

Xiaobing nodded, packed his things, and set off on his adventure.

Xiǎobīng zǒu a   zǒu a,
小冰 走啊走啊，

zhōngyú lái dào yī ge wēnnuǎn de sēnlín
终于来到一个温暖的森林。

Xiaobing walked and walked, until he finally arrived in a warm forest.

Xiǎobīng yù dào le   yī zhī xiǎo tùzǐ.
小冰 遇到了一只小兔子。

Xiaobing met a little rabbit.

Xiǎobīng wèn: "Nǐ hǎo, wǒ shì Xiǎobīng,

小冰 问："你好，我是小冰，

nǐ jiào shénme míngzi?"

你叫什么名字？"

Xiaobing said: "Hello, I'm Xiaobing. What's your name?"

Xiǎo tùzǐ huídá: "Nǐ hǎo, wǒ jiào Xiǎobái.
小兔子回答："你好，我叫小白。

nǐ shì cóng nǎlǐ lái de?"
你是从哪里来的?"

The little rabbit replied: "Hello, my name is Xiaobai. Where are you from?"

Xiǎobīng shuō: "Wǒ cóng nánjí lái."
小冰说： "我从南极来。"

Xiaobing said: "I'm from Antarctica."

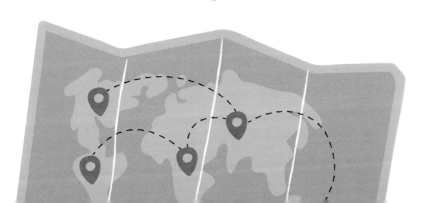

Xiǎo bái shuō: "Wa, nǐ cóng nàme yuǎn de dìfāng
小白说："哇，你从那么远的地方
lái, yídìng hěn lěng ba!"
来，一定很冷吧！"

Xiaobai said: "Wow! That's so far away!
It must be really cold there!"

Xiǎobīng hé Xiǎo bái liáole yīhuǐ'r,

小冰和小白 聊了一会儿，

chéngle hǎo péngyǒu.

成了好朋友。

Xiaobing and Xiaobai chatted for a while and became good friends.

Xiǎobīng jiēzhe yùdàole yī zhī dàxiàng.

小冰 接着遇到了一只大象。

Next, Xiaobing met an elephant.

Xiǎobīng hàoqí de wèn: "Nǐ hǎo, dà xiàng,

小冰好奇地问："你好，大象，

nǐ de bízi wèishéme nàme cháng?"

你的鼻子为什么那么长？"

Xiaobing asked curiously: "Hello, elephant! Why is your nose so long?"

Dà xiàng shuō: "Cháng bízi bāngzhù wǒ hē shuǐ,

大象说："长鼻子 帮助我喝水，

hái kěyǐ yòng tā ná dōngxi"

还可以用它拿东西。"

**The elephant said:
"This is my trunk! I use it to drink
water and pick up things."**

Xiǎobīng shuō: "Zhēn yǒuqù!"

小冰说："真有趣！"

Xiaobing said: "Wow, that's amazing!"

Xiǎobīng yòu jìxù zǒu

小冰 又继续走，

Yù dào le yī zhī xiǎo niǎo

遇到了一只小鸟。

Xiaobing kept walking and met a bird.

Xiǎobīng wèn: "Xiǎo niǎo, nǐ néng fēi de

小冰 问："小鸟，你能飞得

nàme gāo, gǎnjué zěnme yàng?"

那么高，感觉怎么样？"

Xiaobing asked: "Little Bird, what's it like to fly so high?"

Xiǎo niǎo huídá: "Fēi de gāo hěn zìyóu

小鸟回答："飞得高很自由。

Nǐ ne? Nǐ huì fēi ma?

你呢？你会飞吗？"

The bird replied: "Flying feels so free! What about you? Can you fly?"

Xiǎobīng shuō: "Wǒmen qì'é bùnéng fēi,
小冰说："我们企鹅不能飞，
dànshì wǒmen yóuyǒng hěn lìhài.
但是我们 游泳 很厉害。"

Xiaobing said: "No, penguins can't fly, but we're really good at swimming!"

Xiǎobīng hé xiǎo niǎo wánle　yīhuǐ'r
小冰 和小鸟 玩了一会儿，

juédé　hěn kāixīn
觉得很开心。

Xiaobing played with the bird for a while and felt really happy.

Jiù zhèyàng,　Xiǎobīng zài sēnlín　lǐ
就这样， 小冰在森林里

rènshí le　xǔduō xīn péngyǒu
认识了许多新朋友。

In this way, **Xiaobing** met many new friends in the forest.

Yītiān, Xiǎobīng túrán xiǎngqǐ le nánjí

一天，小冰突然想起了南极，

xiǎngqǐ le jiārén

想起了家人。

One day, **Xiaobing** suddenly started to miss his home and family in Antarctica.

Xiǎobái, dàxiàng hé xiǎoniǎo dōu duì Xiǎobīng shuō

小白、大象 和小鸟 都对 小冰 说：

"Xiǎobīng, wǒmen huì xiǎng nǐ."

"小冰，我们会想你。"

Xiaobai, the elephant, and the bird all said to Xiaobing: "Xiaobing, we'll miss you!"

Xiǎobīng huí dào nánjí

小冰回到南极，

māma kàn dào tā hěn kāixīn.

妈妈看到他很开心。

Xiaobing returned to Antarctica and his mom was very happy to see him.

Māma wèn: "Xiǎobīng,

妈妈问："小冰，

Nǐ zài wàimiàn wán dé zěnme yàng?"

你在外面玩得怎么样？"

Mom asked: "Xiaobing, how was your adventure?"

Xiǎobīng huídá: "Māma, wǒ rènshí le
小冰回答：“妈妈，我认识了

hǎoduō xīn péngyǒu! Tāmen dōu hěn yǒuqù!
好多新朋友！他们都很有趣！

Xiaobing replied: "Mom, I met a lot of new friends! They're all so interesting!

Suīrán wǒmen shēnghuó zài bùtóng de dìfāng
虽然我们生活在不同的地方，

Dàn wǒmen dōu kěyǐ chéngwéi hǎo péngyǒu.
但我们 都可以成为好朋友。”

Even though we live in different places, we can still be good friends."

Māma xiàole xiào, shuō: "Shì a
妈妈笑了笑，说："是啊，

péngyǒu bù zàihū zhù zài nǎlǐ
朋友不在乎住在哪里，

jiù kěyǐ chéngwéi hǎo péngyǒu
就可以 成为 好朋友。"

Mom smiled and said: "That's right! True friends don't care where they live. They can be friends no matter where they are."

Cóng nà yǐhòu,　Xiǎobīng měitiān dōu huì xiǎngzhe

从那以后，小冰 每天 都 会 想着

tā zài sēnlín lǐ rènshí de péngyǒu men

他在森林里认识的朋友们。

Since then, **Xiaobing** thinks about the friends
he met in the forest every day.

Suīrán tā zhù zài nánjí,　dàn shìjiè hěn dà

虽然他住在南极，但世界很大，

péngyǒu yě kěyǐ láizì gège dìfāng.

朋友也可以来自各个地方。

Even though he lived in Antarctica, he knew
the world was big, and friends could be found
everywhere.

ChinaStories

Complete the entire book series
and keep practicing your Chinese!

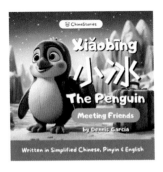

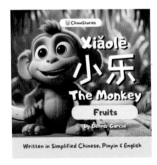
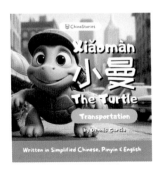

Buy them on Amazon